AF247723

Émile LEFÈVRE

# L'UNION

## PAR

## L'instruction & l'éducation

*Connaître, aimer, agir, voilà
tout l'homme et toute la société.*
(DE BONALD. *Législation primitive.*)

## PARIS

## LIBRAIRIE FRANKLIN

Henry DELLAIRE, éditeur
71, rue des Saints-Pères, 71

1872

Émile LEFÈVRE

# L'UNION

## PAR

## L'INSTRUCTION & L'ÉDUCATION

—

### Conférence

faite à Vouziers le 27 octobre

—

*Connaître, aimer, agir*, voilà tout
l'homme et toute la société.

(DE BONALD. *Législation primitive.*)



PARIS

## LIBRAIRIE FRANKLIN

Henry BELLAIRE, éditeur

71, rue des Saints-Pères, 71

—

1872

Vouziers. — Typ. Nicaise et Malval.

A

# Monsieur Eugène NUS

———▷—✕—◁———

Un jour que nous devisions sur les har-
monies sociales trop ignorées, pour le
malheur même de la Société tout entière,
souvent menacée par les excès d'en haut et
les excès d'en bas, vous m'avez mis sous les
yeux, un de vos livres, résumé de longues et
sérieuses études.

J'ai lu, dans *Les Grands Mystères*, ces
quelques phrases dont l'opuscule que je
vous dédie semble une application :

« De chaque degré de morale, découle un
« devoir. A chaque devoir correspond un
« droit. C'est un principe d'équité élémen-
« taire. C'est la loi de réciprocité.

« L'homme social a le devoir de respecter
« la personne, la liberté et le bien d'autrui ;
« mais, par réciprocité, il a le droit d'exiger
« qu'on respecte son bien, sa liberté, sa

« personne. La loi civile serait inique, si
« elle imposait aux uns, vis-à-vis des autres,
« une obligation qu'elle n'imposât pas à
« tous, vis-à-vis de chacun. Elle même a le
« devoir d'être juste, pour avoir droit à être
« obéie. — Droit et devoir sont les deux
« pôles de la justice. »

. . . . . . . . . . . . . . . . .

« Quel est le devoir de l'homme envers
« ses semblables ? — Il leur doit d'abord la
« justice ; il leur doit ensuite cette grande
« charité de l'amour, dont parlait Saint
« Paul, et qui procède à la fois de l'intelli-
« gence et du cœur.

« *Aimer, pardonner, consoler, éclairer,*
« voilà la morale de l'âme. — *Amortir les*
« *chocs, adoucir les douleurs, combattre*
« *le mal sous toutes ses formes, propager*
« *le bien dans tous ses degrés,* — tel est le
« devoir actif de l'homme.

« Il ne peut le comprendre, sans s'élever ;
« il ne peut s'élever sans élever les autres ;
« il ne peut élever les autres, sans s'élever
« lui-même.

« Progresser est donc bien le devoir su-
« prême, qui résume tous les devoirs. »

. . . . . . . . . . . . . . . . .

« Etablir l'harmonie, organiser l'accord,

« c'est le but qui nous est prescrit ; c'est
« notre destinée. L'homme a donc pour
« devoir suprême d'accomplir sa destinée,
« qui est la volonté de Dieu. Il ne l'accom-
« plit qu'en développant ses facultés, en
« améliorant son âme ; et *le résultat de ce*
« *progrès intellectuel et moral, c'est le*
« *bonheur !* »

Quand donc tous les hommes penseront-
ils comme vous qui vous êtes tant dévoué à
la cause de l'instruction ? C'est sur ce champ
de bataille que je vous ai connu vaillant et
brave, aussi c'est à vous que je me plais à
reporter les félicitations que m'a adressées
la ville de Vouziers..... Je ne l'oublierai
jamais ; pendant que je parlais de l'UNION, à
un nombreux et sympathique auditoire, *la
municipalité tout entière* m'entourait.

N'était-ce pas déjà l'union d'une nom-
breuse famille ?

Les hommes de cœur y sont à l'œuvre ;
avec de la persévérance, cet arrondissement
agricole deviendra l'un des meilleurs de
France.

Votre bien dévoué

ÉMILE LEFÈVRE.

# L'UNION

### par l'Instruction et l'Éducation

MESSIEURS,

Je ne puis me défendre d'une certaine émotion en prenant la parole dans cette enceinte. Ma pensée, faisant un bond considérable en arrière, me reporte au temps de ma dernière visite à Vouziers.

Je n'étais qu'un enfant !

Votre ville avait déjà cet air aisé, coquet, joyeux.

Nous étions quelques éléves musiciens conduits par mon père, instituteur à Attigny, et dirigés par un homme aimé et connu de toute la vallée de l'Aisne, M. Niverd, professeur de vos enfants ; en bons voisins, nous venions prêter notre concours aux élèves de l'institution de l'honorable M. Merlin, aujourd'hui à la tête de votre municipalité.

C'était, alors, comme ce soir, une fête de l'instruction. Je suis heureux de le faire remarquer.

Mon père seul est absent !... Il est mort jeune, comme la généralité des instituteurs.

La société qui ne comprend pas encore assez ses propres intérêts leur donne trop de devoirs et les condamne à de trop nombreuses privations....

Tous tant que vous êtes, Messieurs, travaillez à l'émancipation des instituteurs ; c'est travailler au relèvement de la Patrie !

Ce premier progrès sera la première conquête et *peut-être la plus glorieuse conquête* (tâchez de me comprendre !) de la France rendue à elle-même...

Comment demander à un esclave de faire des hommes libres ?

Mais c'est assez de ces souvenirs ; je dois me rappeler que je suis venu pour vous faire une conférence...

# I

Les sujets de conférence sont aussi variés que les objets qui frappent nos regards. — Que je prenne le verre, le bois ou la laine ; le plomb, l'ardoise ou la soie ; la pierre, le blé ou le coton ; l'âme, la terre ou le ciel, je ne vois autour de moi et en moi que des sujets de conférence, c'est-à-dire de causerie utile.

N'avons-nous pas toujours à réfléchir, à apprendre ?

Que d'hommes travaillent le fer, combien peuvent parler du fer ?

Ne croyez pas, Messieurs, que je veuille humilier qui que ce soit. Je saurai vous respecter tous. Mais j'ai conscience de la tâche que j'entreprends... En m'appelant au milieu de vous, mes amis ont eu raison de penser que j'aurais le courage de dire la vérité..... Je les remercie de leur confiance. La vérité, c'est ce que je vous dois, et, entre hommes qui se respectent, la vérité est le meilleur lien.

Ne vous demandez-donc plus si j'ai été amené ici par un plat motif d'amour propre ou par le désir ardent que j'ai de vous être utile. Le rêve de ma vie est de voir un jour tous les Français unis! Notre désunion n'a-t-elle pas causé la ruine et l'abaissement de la France? Chacun dans notre sphère, travaillons à l'œuvre de paix...

Je touche ici une question brûlante. J'aurai, croyez-le bien, le courage et la loyauté de la traiter... Je ne recule jamais devant les appréciations des autres, parce que la vérité est au-dessus d'eux et de moi.

Mais avant, établissons quelques grands principes.

Tout d'abord, saluons le mot *travail!*

Qu'y a-t-il d'étonnant, Messieurs, à ce que je parle de travail, lorsque la prospérité, la richesse, l'indépendance d'un pays reposent sur l'*activité* de tous?

L'effort du plus humble est nécessaire à l'intelligence du plus grand; celui-ci est indispensable à celui-là. C'est à cause de cette règle générale, qu'on a donné à la *Société* le nom de *famille humaine.*

N'avez-vous pas les mêmes besoins et les

mêmes aspirations, vous tous qui êtes groupés sous le nom de famille municipale de Vouziers ?

La famille, il faut y revenir toujours, est le point de départ de tous nos devoirs, de toutes nos joies, de tous nos progrès.

Eh bien ! ne manquons-nous pas souvent de justice dans nos appréciations ? Il arrive que l'homme de cabinet dédaigne le travail manuel et que le travailleur n'apprécie pas, comme il le devrait, le labeur du savant...

Quelle erreur profonde !

Rappelez-vous le sans cesse, Messieurs ; il y a non-seulement la force qui meut, transforme et transporte la matière, mais la force intellectuelle qui, elle aussi, sait transformer et créer.

Où commence la première force ? Où s'arrête la seconde ?...

Divisez ces deux forces, dans ce siècle de la concurrence, et vous vous appauvrissez !

Unissez-les étroitement ; tout prospère !

Mais comment parler d'unir deux éléments si différents l'un de l'autre de par leur manière d'être, quand il s'agit de connaissances, c'est-à-dire d'intelligence. L'illustre Fréd. Passy rapporte un mot d'un ouvrier anglais, mot très-vrai qui serait bien cruel si les hommes restaient ignorants :

« *Les machines c'est tout ce qui, en plus des ongles et des dents, sert à l'homme pour travailler.* »

Comprenez-vous pourquoi tous ceux qui pensent veulent aujourd'hui que les travailleurs cessent d'être des *instruments* pour devenir des *intelligences?*

L'industrie a tant perfectionné les machines, qu'on est tenté de demander à quoi sert à l'homme son intelligence si, par cette intelligence même, il ne s'élève sans cesse vers la *force d'âme* qui est la *noblesse humaine.*

Voilà comment je comprends l'homme et le travail ; c'est pourquoi je n'hésiterai jamais à dire aux ignorants :

« Voyez quel trésor est étalé devant vous.
« Vous pouvez y prendre tant que vous
« voudrez... il ne faut que vouloir ! Mais il
« faut vouloir. C'est cette force de volonté
« qui vous portera vers la lumière, la vie.—
« Si vous ne voulez pas, vous vous con-
« damnez à rester un instrument ; si vous
« voulez, vous deviendrez une intelligence. »

. . . . . . . . . . . . . . . . . . . .

On nous reproche, à nous autres qui nous occupons des intérêts des classes travailleuses, d'être des rêveurs, et on nous décerne des épithètes peu bienveillantes. Il est vrai que les ouvriers eux-mêmes si intéressés à partager nos convictions, ne nous montrent que de l'indifférence...

Nous ne nous laissons décourager ni par les uns, ni par les autres.

Nous pensons qu'il est indispensable de faire un homme de l'ouvrier..... et nous agissons.

Un homme est celui qui remplit tous ses devoirs de fils, d'époux, de père, d'ouvrier, de patron, de citoyen. Un homme est celui qui agit librement, c'est-à-dire qui voit assez clair pour se diriger sur le chemin de la vie. Un homme est libre.

J'ajoute qu'un ignorant n'est pas un homme, puisqu'il est toujours à la merci de celui qui veut le tromper.

. . . . . . . . . . . . . . . . .

Mais avant de parler de la dignité de l'homme, voyons son intérêt.... levier si puissant dans nos sociétés modernes.

« Avant l'invention des premiers métiers
« mécaniques, en 1767, il aurait fallu *91*
« *millions d'hommes* pour produire la
« quantité de cotons filés et tissés que l'An-
« gleterre livre au commerce en une seule

« année... et le nombre des ouvriers *em-*
« *ployés aujourd'hui par toutes les indus-*
« *tries anglaises* ne dépasse pas *18 mil-*
« *lions ;* mais la Grande-Bretagne possède
« en revanche 3,900,000 chevaux-vapeur
« dont le travail représente celui de *83 mil-*
« *lions d'hommes.* — Fréd. Passy. »

Il faut bien, dans notre siècle où la *mul-*
*tiplication des produits sauvegarde l'in-*
*térêt du consommateur et assure le travail*
*des masses,* il faut que nous nous préoccu-
pions de l'utilité des machines. L'homme,
esclave de l'ignorance, reproche à ces der-
nières de lui voler son travail, quand au
contraire elles assurent son avenir ! En se
substituant aux bras de l'ouvrier, ne rendent-
elles pas à l'homme son véritable rôle dans
l'industrie, celui de *l'intelligence* qui dirige
et qui domine la force aveugle de la matière.

Cette réflexion m'est venue, il y a peu de
temps, dans un atelier de Vrignes-aux-Bois.
En remarquant la simplicité de fabrication
de certains articles, je me disais quelle source
de prospérité l'intelligence de tous serait pour
toute population travailleuse. Quand un
homme travaille *à ses pièces,* il doit voir que
ses gains sont en proportion directe de sa
production.... Supposez que son instruction

l'amène à utiliser un moyen plus prompt, son salaire augmente. Sans doute, le patron y trouve son compte, mais l'intérêt du patron et l'intérêt de l'ouvrier sont connexes. C'est ce que l'on ne voit pas assez.

Excusez-moi, Messieurs, d'avoir pris le long détour du raisonnement et de la comparaison pour exposer cette vérité. Il faut que l'ouvrier soit instruit... Autrement, comment pourrait-il inventer ? S'il n'invente pas, s'il ne perfectionne pas son travail, il n'est plus une intelligence, mais une machine...

La France, Messieurs, entre dans une ère nouvelle qui s'appellera, je l'espère, l'*ère des écoles*... Retenez bien mes paroles : instruisez ceux qui ignorent ; donnez-leur en même temps l'éducation qui attache l'homme à ses devoirs, et, dans vingt ans, vous verrez ce que vos enfants auront fait de la ville de Vouziers et de la riche vallée de l'Aisne.

Ne croyez pas que j'exagère !

Ceux qui peuvent se reporter à 30 ans en arrière doivent se rappeler que nous n'avions pas même de chemins vicinaux convenables ; en 15 ans, la France s'est couverte de chemins de fer...

Votre embranchement va bientôt porter vos productions plus promptement au loin.

Croyez-vous donc qu'il sera véritablement utile au pays, si l'instruction nouvelle ne fait pas naître une production plus variée, plus active, plus considérable, plus parfaite ?

L'instruction seule transformera l'ouvrier des champs.

Ce progrès se fera.

J'ai constaté, dans le pétitionnement en faveur de l'instruction, que l'homme, aux prises avec toutes les difficultés industrielles, commande à la matière transformée plus vite, plus économiquement et plus parfaitement. Le raisonnement au service de l'expérience affranchit l'ouvrier de tous les liens de l'ignorance. C'est ainsi que j'explique la bonne volonté que toutes les communes de l'industrielle vallée de la Meuse ont déployée pour se joindre à nous ; les hommes, habitués à chercher le mieux et le plus facile, ont reconnu, les premiers, que l'instruction est la meilleure garantie de leurs succès et de leur avenir.

Au contraire, les pays de culture se sont abstenus. C'est là que commande la terre, en souveraine. Elle dit à l'homme, son valet : « Tu laboureras et sémeras en septembre-octobre ; tu moissonneras en juillet-août. » Le cultivateur obéit, parce qu'il ne sait encore qu'obéir. Ses connaissances n'ont pu encore lui permettre de parler en maître, aussi la terre garde ses secrets et sa richesse.

Là où vous trouvez des exceptions, Messieurs, ouvrez les yeux. Plus le sol est subjugué, plus l'homme est indépendant et riche. Avec les nouvelles machines, des produits nouveaux. La vapeur centuple les efforts du travailleur intelligent ; son capital se transforme promptement et des intérêts considérables ne se perdent plus dans des granges.

Travaillez, instruisez-vous et vous arriverez peut-être à connaître la véritable richesse de votre vallée incomparable dont vous ne soupçonnez même pas la valeur. Emplissez les écoles de vos enfants et des enfants de vos serviteurs, et vos ateliers agricoles se peupleront d'hommes habiles que vous n'avez pas, que vous n'avez jamais eus.

Comment espérer en l'avenir de vos exploitations si vous n'êtes pas convaincus que le progrès est là où je vous le montre.

En partant du connu pour aller à l'inconnu, que voyons-nous ?

Dans les mêmes ateliers, au même établi, des ouvriers gagnent 10, 15 ou 20 sous plus que les autres. Pourquoi ? Les uns savent, les autres ignorent.

2

Pour donner le moindre coup de lime ou de ciseau, il faut réfléchir. L'homme instruit pense plus vite et la main obéit plus promptement. Donc, l'instruction de l'ouvrier le sert puissamment.

Ces petites observations de ma part peuvent vous amuser, Messieurs, réfléchissez-y, et vous verrez pourquoi elles m'ont frappé.

. . . . . . . . . . . . . . . . .

Il nous faut bien scruter tous les besoins, toutes les ressources de l'humanité afin d'asseoir des raisonnements, qui ne peuvent avoir d'autre but que l'intérêt général.

Chaque membre doit à la famille sa quotepart d'activité c'est-à-dire d'utilité.

C'est parce que l'homme intelligent tire meilleur parti de son travail par lui-même, qu'il rend à la société une somme plus considérable de services.

Cette considération montre quelle harmonie doit régner, dans le monde des hommes, entre toutes les professions.

Il ne faut donc pas qu'un frère puisse faire à son frère le reproche d'être avocat, par exemple, s'il n'est lui, que mécanicien. — Il ne faut pas davantage que le cultivateur songe à blâmer un chimiste d'enfermer sa vie dans les murs de son laboratoire. — Quel ouvrier souhaiterait de voir sur les épaules de son patron le fardeau qu'il transporte, sans songer aux soucis de celui à qui incombe une si grande responsabilité ?

Je prends, pour les comparer, ces quelques mots : avocat, ingénieur, mécanicien, agriculteur, chimiste, ouvrier, patron.

Le mécanicien est très-souvent un inventeur aussi habile dans son art qu'incapable, s'il s'agit d'exécuter un plan ou de prendre un brevet, et, par contre, de défendre sa propriété : l'ingénieur et l'avocat deviennent son intelligence.

Le cultivateur qui, hélas ! ne fait pas assez d'études, a un sol d'une richesse inconnue ; il marche à tâtons, et le chimiste lui donne le secret qui l'enrichit, car telle plante, tel arbre, telle culture a plus ou moins d'affinité pour un sol ou pour un autre, et l'agent chimique recommandé rend à la terre la force, la sève, la vie qu'elle sait si bien communiquer… quand on sait la lui demander. « La « terre étant une usine à laquelle on livre « des matières premières pour en obtenir des « produits utiles, il est de toute évidence que « l'agriculteur a autant d'intérêt à connaître « la composition chimique des engrais dont « il se sert, qu'en a l'industriel à connaître

« celle des matières premières qu'il met en
« œuvre. — E. Nivoit. »

Cette comparaison montre l'utilité de l'étude pour le cultivateur.

Le patron enfin est pour l'ouvrier une seconde providence. Par ses services, son éducation, sa dignité, l'ouvrier obligera toujours son supérieur à respecter en lui *l'homme*, et non pas seulement le *salarié*.

On a donné aux ouvriers le droit de se coaliser, parce qu'on a voulu respecter leur liberté d'homme et leur montrer qu'ils sont *libres* mais *responsables* de leurs actes. Ce n'est pas des révoltés qu'on a voulu faire (la supposition est grotesque !) mais des hommes.

*L'émancipation* est une récompense, l'éducation seule peut l'empêcher de devenir une punition.

Me voici en face de deux causes puissantes de désunion : la *grève* et *l'ivrognerie*.

Une grève est-elle indispensable ?

A quoi sert la raison humaine ? Un homme ne reste pas trois semaines et plus quelquefois à ne rien faire..... sans que tout le monde souffre dans sa famille. Les petites économies s'évanouissent, les dettes commencent ! L'homme boit ; il rentre méchant

chez lui. La femme pleure, les enfants lan-
guissent....

Bien souvent le besoin ramène l'ouvrier
au point de départ. Il rentre honteux dans
l'atelier déserté par lui, et, mécontent de
sa défaite, il nourrit contre son patron une
haine sourde qui n'amène rien de bon. Le
voilà rangé dans l'armée des mécontents,
c'est-à-dire parmi les hommes qui peuvent
devenir dangereux. Rappelez-vous Paris !...

Pour le patron, père de ses ouvriers, deux
devoirs : comprendre la necessité de l'élévation des tarifs, quand sa prospérité le lui
permet, et ne jamais perdre de vue que la
bonne édudation est pour ses protégés la
source des meilleurs bénéfices.

Quelle nécessité, Messieurs, y a-t-il à faire
la *noce* ?

Cette habitude nuit à la santé, à la bourse,
à la raison. Quand on ne raisonne plus, on
déraisonne, et lorsqu'on déraisonne, on se
donne toujours tort.

Le cabaret dégrade bien des hommes ;
l'alcool est mauvais conseiller. L'atelier au
contraire est comme le sanctuaire de l'ouvrier ; c'est là que l'honnête père songe à sa
femme, à ses enfants, à ses devoirs, à l'avenir. Ses fatigues ne lui coûtent jamais trop,

s'il sait qu'il se dévoue et s'il a conscience de son devoir accompli ; ainsi il reste bon, moral, économe, modéré, juste.

Au cabaret, il travaille contre lui et les siens ; en un mauvais jour, il dépense souvent les gains d'une semaine ; rentrant chez lui, le cœur plein de fiel, pour ce qu'il appelle injustement les riches (il devrait dire les travailleurs enrichis) il fait retomber sur sa famille le poids même de sa mauvaise conduite.

Que dans un pareil moment un donneur de conseils, comme il s'en rencontre, arrive... Voilà le gréviste trouvé, le brandon de discorde qui va troubler une population entière.

Si je ferme un instant les yeux sur l'intérêt de la société, pour ne voir que l'intérêt personnel des travailleurs, ne me serait-il pas facile d'établir le compte de deux hommes dont l'un fait *le lundi* et l'autre pas ?

Ce que je dis saute aux yeux.

52 semaines et les fêtes, sans compter les lendemains si terribles aux ivrognes, font 60 jours perdus.

Privation de travail, 3 fr.

Dépenses inutiles, 2 fr.

Total, 5 francs, et, au bout de l'année, 300 fr.

300 francs ! Mais c'est énorme, c'est le bien-être de la famille. Et quand il y a plusieurs hommes dans la maison, père ou fils, voyez de quel bienfait ils se privent... surtout si vous vous dites que *55 centimes par semaine, à la caisse des retraites, de 20 à 60 ans, donnent droit à une rente viagère de 500 francs.*

On cherche pourquoi les uns s'enrichissent tandis que les autres végètent... Il faut être bien peu clairvoyant. De deux hommes placés à la même enclume ou au même établi, l'un gagne 1200 francs, parce qu'il reste sobre ; l'autre rapporte chez lui moins de 900 francs par la raison contraire.

B. Franklin avait raison de dire qu'il en coûte plus pour entretenir un vice que pour nourir deux enfants.

Certains ne croient qu'à leur chance ! et l'expérience démontre surabondamment que les causes de la bonne fortune des industriels sont : *l'instruction, l'intelligence,* la *prudence,* la *moralité,* l'*économie,* l'*activité,* l'*esprit de suite.*

En revanche, les causes de la mauvaise fortune sont : l'*ignorance,* l'*imprévoyance,* la *prodigalité*, la *sottise*, la *paresse*, la manie de changement.

Les vertus du bon industriel amènent : l'aisance ou la richesse, les vices du mauvais : la gène ou la banqueroute.

Si tout homme réfléchissait, lisait, apprenait, il est évident que ce que je viens d'exposer s'imposerait à l'esprit de tous, comme une véritable nécessité. Le malheur est que nous ne voyons pas clair, même dans nos intérêts les plus chers !

. . . . . . . . . . . . . . . . . . . . . . . . .

Mais pourquoi cette digression, direz-vous, Messieurs ?

C'est qu'il faut protéger le travail.

Comme l'a dit M. Ch. Robert, les mots qui désignent le travail et l'honnêteté sont inséparables dans le langage où ils se mêlent sans cesse jusqu'à se confondre. Dans la réalité, l'effort qui dompte les passions est toujours uni à celui qui triomphe de l'ignorance ou de la misère. L'*intérêt moral* est identique à l'*intérêt social*.

Ne dit-on pas d'un ouvrier, pour en faire l'éloge : *c'est un travailleur ?* Cela signifie partout *honnête homme, bon père, bon fils, bon citoyen.*

Oh ! oui, il faut protéger le travail, parce

qu'il est la source de toutes les richesses. Nous avons appris, Messieurs, ce qu'est le mot *milliard*, sachons donc travailler ! Là est la délivrance de la France, la liberté, le relèvement, l'avenir....

Voyez, Messieurs, comme chacun de nous doit se sentir solidaire des autres hommes quand il s'agit d'ordre général, de progrès général, de morale générale, d'intérêt général. C'est pourquoi ceux qui ne vivent pas directement de l'industrie doivent se sentir aussi intéressés que les autres à faire durer la paix, à protéger le travail. En vain, ils veulent s'isoler au nom d'une indépendance que personne au monde n'est libre d'avoir, *leur devoir* est de chercher à fonder *l'union de tous*. S'ils ne le font pas, ils manquent à leurs obligations de citoyens libres mais responsables.

S'il faut protéger le travail ?

Il est bon à l'homme, « il développe à la fois « la vigueur de son bras, la dignité de son ca- « ractère, la rectitude de son esprit ; il lui « impose la discipline souveraine du progrès « lent et conquis de haute lutte ; il met en- « fin dans son cœur, et par là dans la société « tout entière, un équilibre moral conforme

« aux grandes lois de la nature et de la so-
« ciété. — Ch. Robert. »

Ne vous plaignez donc pas d'être condamnés au travail. C'est la loi commune, à tel
point que ceux qui ne s'y soumettent pas
sont, eux, condamnés à toutes les misères
d'une existence que vous ne pourriez sup-
porter.

— Pourquoi vous désoleriez-vous quand
on vous prouve que, par l'instruction et l'é-
ducation, vous pouvez obtenir un avenir
meilleur avec une existence toujours remplie
de travail, de gaieté et d'honneur?

L'homme, Messieurs, ne l'oubliez jamais,
est un *être libre mais responsable de ses
actes*, c'est pourquoi *il doit se conduire par
la raison mise au service de la vérité et de
la justice.*

Si l'ouvrier n'a pas encore reçu le bienfait
d'une éducation meilleure, que le patron lui
tende généreusement la main, en protégeant
la famille de l'homme dont Dieu lui confie en
quelque sorte la destinée.

. . . . . . . . . . . . . . . . . .

Je conclus de là, que l'avenir des classes
industrielles est seulement dans la bonne
entente de la tête et des bras, dans l'harmonie de l'intelligence qui dirige et de la force

qui exécute, dans l'union des chefs et des subordonnés, dans le rapprochement des patrons et des ouvriers.

Unissez-vous, Messieurs, et vous rendez tout conflit impossible, par conséquent tous vos intérêts sont sauvegardés.

Désunissez-vous, et vous voilà abandonnés aux hasards les plus désastreux ; sur l'océan de l'arbitraire, quelle boussole peut diriger le patron ou l'ouvrier ?

## II

De quelque côté que l'on envisage le progrès, il faut toujours partir de l'individu pour arriver à la société.

L'homme ne peut vivre seul.

Tout le prouve : sa naissance entourée de dangers si nombreux ; son enfance, long apprentissage mis au service des sens et de la pensée ; sa jeunesse imprudente ; son âge mûr qui réclame l'aide, la compagnie, la consolation de la femme ; sa vieillesse souvent plus débile encore que son premier âge.

Le mariage est donc une nécessité, un bienfait, une garantie mutuelle, un bonheur. Il est la véritable association de deux cœurs, de deux activités, de deux avenirs. Point de départ de toutes nos joies et de tous nos progrès, c'est de lui que la société reçoit ce petit enfant faible et ignorant qui est le citoyen de la vingtième année.

Le mariage est l'acte fondateur de la so-

ciété ; « il n'est pas un contrat ordinaire, dit
« M. de Bonald, puisque, en le résiliant, les
« deux parties ne peuvent se remettre au
« même état où elles étaient avant de le
« former. »

Si cet acte (l'unité et l'indissolubilité du lien
domestique) est l'association type, les parties
contractantes doivent être appelées également
à en recueillir tous les profits. Les parents
qui vieillissent entourés du respect, de l'affection et des qualités de leurs enfants sont
la preuve vivante de ce que j'avance.

Pour atteindre cette fin si enviable, que
doit être l'homme ? Quel rôle la femme est-
elle appelée à jouer dans la famille ?

Hélas !... quelle réponse à faire !

L'imperfection notoire de l'homme frustre
la société, c'est-à-dire l'association des fa-
milles, de profits considérables. Un poëte
anglais, Woodworth donne une idée de notre
abaissement moral, en écrivant que *l'enfant
est le père de l'homme.*

Oui, les ignorants s'obligent volontairement
à subir un affront semblable. Ils souffrent
que nous leur arrachions leur enfant, instruit dans nos écoles, pour en faire un petit
missionnaire qui porte la lumière, la vie, la
dignité, l'union, l'avenir dans la maison où

les parents qui l'ont mis au monde de la matière sont impuissants à éveiller son âme !...

Le rêve du poëte est impossible, parce que le mauvais exemple de l'homme souille trop souvent l'enfant que sauvegarderait le bon exemple du père.

Et la société, dont le rôle est de veiller sur tous, la société n'aurait pas le droit d'obliger cet homme coupable à instruire, à améliorer son fils ? C'est une moquerie. En écrivant que *le père est obligé de nourrir et d'élever son enfant*, mais *qu'il n'est pas obligé de le faire héritier*, Montesquieu mettait l'éducation bien au-dessus de la vie matérielle. Est-ce un fils idiot, débauché ou paresseux que je dois à la société ? Est-ce une fille igorante, insoumise, dépravée que mon voisin a le droit de lui imposer comme compagne, dans la vie ? Est-ce une bête ou une âme ; est-ce un esclave ou un homme que j'élève ?

Que les partisans de l'ignorance répondent !

Pourquoi faut-il, suivant leurs iniques raisonnements, que les uns (eux !) sachent, et que les autres ignorent ?

Sous quel règne vivons-nous ? Qu'est donc pour eux la fraternité ? Comment comprennent-ils l'égalité des devoirs, s'ils nient l'égalité des droits ? Ils veulent être libres, à condition que nous ne le serons jamais !...

S'il en est autrement, pourquoi nous font-ils la guerre ? Pourquoi nous accusent-ils d'attenter à la religion, à la morale, à la famille, à Dieu lui-même ?

Nous voulons, au contraire, que chacun fasse son devoir , surtout ceux qui ont reçu, de la société ou de Dieu, une mission importante...

.    .    .    .    .    .    .    .    .    .    .    .

Si le mariage est une véritable association, il faut que toutes choses soient égales entre les associés. Pourquoi donc, depuis si long-temps, la femme est-elle comme exclue des bienfaits dispensés aux hommes seuls ? Quelle injustice !

« Ou la femme n'est pas faite pour être la
« compagne de l'homme, dit M. Cousin, ou,
« c'est une contradiction inique et absurde
« de lui interdire les connaissances qui lui
« permettent d'entrer en commerce spirituel
« avec celui dont elle doit partager la desti-
« née, comprendre au moins les travaux,
« ressentir les luttes et les souffrances pour
« les soulager. »

M. Franck est plus précis :

« La femme n'étant ni notre semblable ni
« notre inférieure, elle doit être notre égale.
« C'est précisément parce qu'elle doit rem-
« plir une tâche différente de la nôtre, qu'elle
« nous est nécessaire, indispensable, que
« nous devons voir en elle la reine de notre
« foyer, et, quand elle porte dignement le
« fardeau commun, il est juste qu'elle parti-
« cipe aux mêmes respects et aux mêmes
« honneurs. — Le mari et la femme ne restent
« pas longtemps seuls. Entre eux, vient se
« placer une autre existence, qui, loin de les
« séparer leur sert de trait d'union. Aux
« titres de mari et de femme viennent se
« joindre les titres non moins doux mais plus
« graves de père et de mère. Il en résulte un
« accroissement de félicité, mais aussi un ac-
« croissement d'obligations. »

Eh bien, il faut le dire, l'homme à qui
Dieu confie la destinée de toute une famille
n'est trop souvent qu'un tyran au centre des
affections qui devraient charmer son existence. Il ne comprend pas ses obligations,
par la raison bien simple qu'il les ignore ; de
là, pour lui, l'impossibilité de se plier aux
lois de respect, de dignité, de justice, de
moralité.

Au point de vue de l'association, nous

sommes des incapables ; à l'égard de la famille, nous devenons criminels.

Les femmes que nous rabaissons au-dessous de nous, dit Puffendorf, sont souvent plus intelligentes et plus circonspectes dans les affaires, que ceux dont elles sont obligées de prendre conseil.

Que de commerçants capables ont dû à la clairvoyance de leur femme le succès de leurs affaires ou la conservation de leur fortune !

Outre que la femme est l'associée de l'homme, elle a, comme le fait remarquer Fénelon, un rôle encore plus élevé « elle est « chargée de l'éducation de ses enfants. Elle « forme ses filles à toutes les vertus insépa- « rables de leur sexe ; elle dirige les pre- « mières années de ses fils, et imprime dans « leur jeune cœur, ces sentiments d'honneur, « de droiture et d'humanité qui ne s'effacent « jamais. »

L'influence de la femme est incontestable ; presque tous les grands hommes, écrit M. de Beaupré, ont dû leur élévation à la première éducation qu'ils ont reçue de leur mère. Ainsi, en élevant l'intelligence de la femme, on élèvera le niveau de la société tout entière.

La femme instruite instruira ; la femme mo-
ralisée moralisera. C'est donc par elle que la
civilisation et le bien pénétreront dans toutes
les classes de la société.

M. Charles Robert a dit :

« L'influence de la mère sur la famille et
« sur la société tout entière est considérable ;
« aussi l'enseignement des filles, à tous les
« degrés, doit-il tenir une grande place dans
« les préoccupations des hommes d'Etat et
« des amis de l'humanité. »

. . . . . . . . . . . . . . .

Ces considérations montrent quelle impor-
tance immense s'attache à l'association de
l'homme et de la femme. L'esclave d'autrefois n'est pas encore aujourd'hui l'égale de
l'homme. Pourtant qu'elle place n'occupe-
t-elle pas dans le monde ? M. Alph. d'Hou-
detot l'explique en quelques mots : « Sœur,
« épouse, mère ou fiancée, la femme a plus
« contribué, par la céleste douceur de son
« regard, à la civilisation des peuples que
« tous les législateurs du monde. »

En songeant à la part de responsabilité qui
incombe à la femme dans la société, je ne
puis passer sous silence le rôle utile qui lui
est réservé dans l'avenir, si, au foyer de

l'homme actif et intelligent, vient s'asseoir, non seulement la mère de famille, souriante et gracieuse, mais la raison éclairée, le juge-ment droit, le conseil désintéressé, la conso-lation ingénieuse, la résignation chrétienne, et le savoir aimable.

A la femme aussi échoit aujourd'hui une part d'activité dans le grand mouvement national qui porte tous les français vers l'ins-truction, vers l'éducation pour tous. Qu'elle se dévoue ! il est indispensable que ses efforts complètent nos efforts.

Une telle résolution serait profitable à tous ; elle n'est pas impossible, puisque la femme a brillé de tout temps, à tous les étages de la société, par son abnégation et son dévouement personnel.

Il faut qu'il en soit ainsi, car un mot d'une profonde portée a été dit par le P. Ventura : « La civilisation n'est avant tout que le res-« pect de la femme. »

Je pensais ainsi quand j'ai demandé à toutes les compagnes des 45,000 signataires de notre pétition ardennaise contre l'ignorancé de se joindre à nous ; douze mille ont donné leur adhésion.

Pauvres mères ! elles savent ce qu'elles

font, en demandant plus d'instruction, plus d'éducation, plus de morale, plus de religion pour leurs fils et surtout pour leurs filles... L'Assemblée restera-t-elle sourde à leurs accents ?

# III

Il y a dans la société, Messieurs, une autre
association, plus générale, plus précieuse
encore, puisqu'elle implique celles dont je
vous ai déjà parlé. Plus que jamais il s'agit
de l'intérêt général dans lequel viennent se
fondre tous les intérêts privés, comme les
ruisseaux où les fleuves viennent se déverser
dans la mer dont ils maintiennent le niveau.

Ici, se dresse tout droit ce que l'on est
convenu d'appeler la *question sociale*. Je
n'y crois pas, parce que je ne vois que des
*malentendus sociaux*. Examinez les choses,
comme je l'ai fait souvent, et vous recon-
naîtrez que des hommes s'évitent, se fuient,
se calomnient, se détestent sans s'être jamais
parlé. N'avez-vous pas vu quelquefois cer-
taines difficultés cesser lorsque les parties
adverses se trouvaient fortuitement en présence ?

Il en est de même dans la Société. Les

différentes classes se détestent et... elles ne se connaissent pas !

Cherchons donc les causes de faits que des hommes plus éclairés pourraient appeler monstrueux.

. . . . . . . . . . . . . .

Quand nous parlons d'instruction et d'é-ducation, de bonnes âmes se récrient.....

Que voyons-nous dans le monde ?

Partout les hommes ne sont-ils pas égaux en droits et en devoirs ?

— Qui rompt l'équilibre ?

— L'homme au profit et au détriment de l'homme.

Réfléchissez bien à ces paroles, Messieurs, et elles vous donneront le secret de bien des choses :

« L'égalité est inscrite dans la constitution
« et dans les codes des peuples libres. Mais
« elle est balancée en fait par l'inégalité de
« culture intellectuelle et morale. — Entre
« l'ignorant et le savant d'une même contrée,
« la distance est presque aussi grande
« qu'entre le sauvage et l'homme civilisé.
« La distance cependant n'est que tempo-
« raire ; elle peut et doit s'effacer graduel-
« lement, par l'effort de l'éducation. L'ins-
« truction tend donc à égaliser les conditions

« humaines, en égalisant les intelligences,
« et à faire d'une nation une même famille,
« dont tous les membres, quelles que soient
« leurs aptitudes et leur vocation spéciales,
« n'ont qu'un même esprit et un même
« cœur. Dès lors doit cesser l'antagonisme
« brutal qui éclate, en quelques pays, entre
« les classes incultes et les classes lettrées.
« Le peuple ainsi transformé acquiert une
« force de cohésion, qui lui permet d'entre-
« prendre toutes les réformes et de résister
« à tous les entraînements de l'exterieur. —
« C'est là la première étape dans la voie de
« l'avenir. » — (Ext. du rapport de M. Jules
Tiberghien au Conseil provincial du Brabant.)

De tous côtés, Messieurs, les hommes de cœur sont à l'œuvre de ces réformes ; tous réclament l'instruction.

Comment, en effet, admettre le *statu quo* de l'ignorance comme un bienfait, quand il s'agit de la prospérité d'une association ?

Qui peut se faire l'idée d'une association formée entre des hommes grossiers et ignorants ?

L'idéal du travailleur utile, heureux, meilleur est-il l'ouvrier ignorant, vicieux ?

L'amélioration de ce dernier ne doit-elle pas être poursuivie dès son enfance ?

Attendons-nous que les arbres donnent des fruits pour redresser leur tronc, diriger leurs branches, corriger leurs imperfections et bonifier le sol où leurs racines puisent la vie ?

N'oubliez jamais, Messieurs, que l'enseignement primaire n'est que l'enseignement populaire, c'est-à-dire l'enseignement du peuple.

« La mission essentielle de l'enseignement « primaire, dit M. Pierre Tempels, est de « faire monter le niveau intellectuel du « peuple. »

Une fois pour toutes, disons que notre mission n'est pas seulement de produire des enfants meilleurs, mais des hommes améliorés, moraux, actifs, utiles ; c'est pourquoi nous voulons que ceux qui sont préposés à l'instruction de l'enfance, cherchent l'âme dans ce petit corps, homme ou femme, et qu'ils s'adressent constamment à l'être pensant et non à l'enfant léger, étourdi, sans conviction et sans pitié. Le respect des maîtres pour l'enfant produira le respect des enfants pour les professeurs. Cette règle est absolue et, dans toutes les écoles bien tenues, les exceptions sont excessivement rares.

. . . . . . . . . . . . . . . . . . .

Mais pourquoi parler de l'école ?

Parce que l'abaissement de la France n'a plus rien d'étonnant quand on songe que notre pays est le 12º des pays de l'Europe sur la carte de l'instruction. Nous passons après les Islandais !

Il faut l'avouer, Messieurs, nous sommes tous de grands coupables.

Comment ! En France, 23 de nos conscrits sur 100 ne peuvent encore lire et 33 conjoints, sur le même nombre, sont incapables de signer leur acte de mariage.

Une telle remarque vous révolte !

Pourquoi devenons-nous tous tremblants, indifférents ou lâches quand il s'agit de réclamer l'instruction pour tous ? Ignore-t-on que 200,000 français de 7 à 13 ans ne reçoivent aucune instruction ? L'État va-t-il laisser durer cette honte ? Depuis trop longtemps il a bien souffert, par apathie, que sur 519,285 élèves quittant les écoles publiques, 39 pour cent pussent en sortir ignorants.

Faites le bilan des bienfaits de l'instruction pour la masse ! Sur 720,000 enfants, 400,000 croupissent dans l'ignorance.

Et l'on s'étonne de certains résultats ! C'est naïveté vraiment. Rien sans rien, c'est la loi...

En 1861, la Prusse comptait 126,197 écoles

et a France 74,340 seulement, *y compris* les salles d'asile.

En Suisse, où tout le monde sait lire et écrire, la dépense pour l'instruction est de 1 fr. 79 par habitant ; en France, elle n'est que de 0,55.

Notre gouvernement a été conséquent... comme quand il a proclamé que l'*Empire c'est la paix !* Pendant qu'il consacrait au service militaire 295 millions du budget général, il avait la magnanimité d'en réserver 11 à l'instruction publique, aussi, continuant à faire des mots, il disait que *dans le pays du suffrage universel tout citoyen doit savoir lire et écrire.*

Le résultat de cette pompeuse fantasmagorie a été l'effondrement de la France à Sedan, car ce n'est pas seulement notre armée qui a été vaincue sous nos murs, mais notre pays tout entier ..

Quand les patriotes ont voulu organiser la défense nationale, alors que tous les rouages de l'ancien gouvernement étaient brisés, dispersés, la nation s'est mise en grève.

Hélas ! Messieurs, l'histoire de notre époque vit devant nous, pour notre condamnation dans l'avenir... si nous ne nous mettons à l'œuvre de la régénération de la France. Je l'ai crié, de toute la force de mon être, aux ignorants de tous les âges :

— « Sortez de la nuit profonde, de la nuit « glacée de l'ignorance ; elle est la douleur, la « faim, la misère et souvent le déshonneur. »

Regardez, le soir, les rues des villes, et dites-moi si l'ignorance n'est pas la mère de tous les vices.

Ayons la franchise de nous avouer qu'il faut instruire la masse ; elle ressemble au flot qui va toujours plus loin... jusqu'à ce qu'il arrive. Là, il passe ! Il passe ou renverse ce qui s'oppose à sa marche. Dans le siècle du suffrage universel, il faut que le flot soit une force intelligente et non une menace continuelle ; il faut que le flot nous porte et non pas qu'il nous tue.

Pourquoi hésiterions-nous ? Quel sentiment de peur stupide, d'intérêt personnel absurde, d'injustice criante s'oppose à ces progrès ?

Sur le terrain des grandes expositions, la France a montré ce qu'elle sait faire, et ses progrès, de Londres à Paris, ont été tels que l'admiration universelle a consacré notre triomphe. Et l'on craindrait de donner la vie de l'esprit à ce peuple d'une activité dévorante, d'une intelligence d'élite, d'un courage que rien n'abat !

Malgré leur ignorance, nos ouvriers ont fait, de la France, la nation industrielle que tous connaissent ; que ne pouvons-nous en attendre, si nous leur donnons enfin l'instruction, c'est-à-dire une intelligence plus grande ? Bacon l'a dit : « Science, c'est puissance ! »

Un constructeur me disait, il y a quelques jours :

— Entre nos ouvriers, des différences de 1 à 2 fr. par jour. Les mieux rétribués sont instruits ; ils dessinent, inventent. — Quant à nous, à cause des progrès de l'industrie et de la concurrence qui se développe chaque jour, nous n'aurons plus raison d'être, dans dix ans, si nous ne sommes ingénieurs.

Élevons nos désirs vers de tels progrès, Messieurs, c'est l'avenir pour tous. — Le progrès veut que le prix de consommation se rapproche de plus en plus du prix de la matière première, parce que tel est l'intérêt général. Il faut donc des machines, parce que l'homme aujourd'hui n'a pas le bras assez puissant pour transformer assez vite la matière dont l'abondance assure le travail, c'est-à-dire la vie des classes travailleuses. S'il faut des machines, il est indispensable que l'ouvrier sache les inventer, les conduire, les perfectionner. Là est son avenir.

« Je ne trouve, a dit le docteur A. Riant,
« que des raisons de bénir Dieu et la science,
« quand l'homme cesse d'être un outil, comme
« autrefois, pour devenir une personne quand
« il cesse d'être un instrument qui obéit,
« pour devenir une intelligence qui di-
« rige. »

. . . . . . . . . . . . . . . . . .

Si la route que j'ai tracée devant l'activité humaine est la véritable voie du progrès, ne risquerions-nous pas de nous perdre dans les ténèbres avec M. de Tarteron, un des membres de la commission chargée de rapporter la loi de M. Jules Simon ?

Cet honorable député dont le nom doit être conservé, a dit que *l'ignorance naïve du paysan est cent fois préférable, dans son humble rusticité, à la demi-instruction...* que je le défie de définir.

A-t-il parlé au nom d'une instruction complète, cet ami du *statu quo* ? Il m'est bien permis d'en douter, ce qui fait que j'ai horreur aussi de cette demi-instruction qui dénigre, rapetisse, nie tout.

Et ce noble cœur, cet ami de l'humanité,

a eu des imitateurs, même dans nos Ardennes. Qui le croirait ? Dans une brochure intitulée « *De l'Education* » le rédacteur en chef du *Courrier des Ardennes*, a pu écrire, à la 30ᵉ page de son factum, ces mots cruels qui dénoncent tout un système :

« Nous préférons de beaucoup l'*ignorance*
« *la plus épaisse accompagnée d'un juge-*
« *ment sain*, de la *foi*, de la *morale* et des
« *saines croyances*, à cette demi-science, à
« cette demi-instruction hautaine, impertur-
« bable, orgueilleuse, *raisonnant de tout,*
« discutant tout, *niant tout* et couronnée par
« dessus tout d'un *scepticisme aride*, d'un
« *athéisme desséchant*, et d'un *fétichisme*
« *fatal*, qui rapproche ces hommes de la
« brute et du néant dont ils sont *tout à fait*
« *dignes.* »

Ah ! Messieurs, il y a lieu de réfléchir sur de pareilles théories…

Qui veut-on tromper ? A quel profit se font de pareilles déclarations ?…

Mais dites-le vous-mêmes, vous qui venez ici faire votre acte de foi en faveur de l'instruction, vous qui voulez fonder des conférences, des cours publics, une bibliothèque…

Êtes-vous donc, pouvez-vous être les partisans de l'*ignorance la plus épaisse*, fut-elle accompagnée d'un *jugement sain* ?

Est-ce possible qu'on promène ainsi sur les consciences des phrases banales qui renferment autant d'erreurs que de mots ?

Comparez, Messieurs, vos nobles espérances aux joies de ces grands cœurs.

C'est à faire croire qu'ils sont membres de la *contre ligue de l'enseignement* établie dans le midi et l'ouest de la France, par des propriétaires ou des fermiers qui s'engagent à ne-donner du travail qu'à des gens ne sachant ni lire, ni écrire.

Oh ! alors, il ne leur resterait plus qu'à proclamer vertueux les hommes qui imposent à leurs fermiers des baux par lesquels ces derniers s'obligent (notez que ces messieurs ne veulent pas de notre loi d'obligation !) à ne pas envoyer leurs enfants à l'école.

Où donc sont les progrès possibles de l'humanité, si ces défenseurs de l'obscurité ont raison ?

La thèse qu'ils soutiennent va-t-elle honorer leur existence, ou condamner, comme nuisibles, les efforts de ceux qui consacrent leur activité, leurs ressources, leur liberté, leur vie, à la cause si noble de l'éducation populaire ?

Plaignons ceux qui défendent les priviléges des castes. Leur tort, leur erreur est ,de remonter toujours vers le passé si plein de douloureux souvenirs... Votre force est de songer à l'avenir qui n'appartient qu'au travail et à la vertu civique qui implique toutes les vertus...

. . . . . . . . . . . . .

Il faut donc vouloir fermement cet avancement de la civilisation, afin d'en accentuer la marche, à un point tel que personne ne puisse plus nier les progrès que nous appelons de tous nos vœux.

Au moment où vous fondez dans votre ville des institutions si riches d'avenir, Messieurs, recueillez-vous, afin d'asseoir mieux encore des convictions qui poussent, les uns au sacrifice de leur liberté, les autres à l'étude, tous vers la lumière et l'union.

Vous voulez faire vivre cette union par le respect et la pratique du devoir?

Ceux qui savent se soustraire au devoir seront les premiers à vous traiter d'utopistes !

Tous, tant que vous êtes, Messieurs, vous aurez des combats à soutenir. Ne vous en effrayez pas ; vous saurez être braves. Rappelez-vous qu'aucun progrès ne se fait sans crise et qu'aucune victoire ne se gagne sans qu'il y ait lutte ou bataille.

N'est-ce pas la destinée de l'homme de se mesurer avec les difficultés de toutes sortes ? Né faible et désarmé, n'a-t-il pas vaincu les animaux les plus redoutables, enchaîné les éléments, vaincu la mer, traversé les montagnes et arraché aux entrailles de la terre ses trésors enfouis ? Il a fait plus, il a conquis sa liberté sur l'homme...

Imitez-le, grandissez par les épreuves, vous tous qui voulez faire vivre votre union. Surmontez vos défaillances, raidissez-vous contre les découragements, laissez passer au-dessus de vous, comme une vague qui ne peut vous renverser, le mauvais vouloir des uns, les calomnies des autres...

Veuillez fermement.

La lutte, c'est la vie !

Le vrai soldat qui tombe sans même voir la victoire assurée aux efforts des siens, mais après avoir vaillamment combattu, le soldat expirant embrasse ses armes de combat ; il ne pleure pas le sang qu'il perd, pas plus qu'il ne regrette la vie qui lui échappe : son dévouement le console de son sacrifice personnel... il s'endort l'âme satisfaite et les traits reposés.

4

Où ce héros puise-t-il sa force ?

Dans son devoir accompli. Ainsi il a vaincu la douleur, la mort même, car son nom vivra chez ses amis...

Voilà sa plus douce récompense ; elle est si belle qu'il n'avait pas l'ambition de la désirer...

. . . . . . . . . . . . . . . .

Les hommes ont été créés pour vivre, Messieurs, c'est pourquoi, si nous aimons véritablement notre patrie, nous devons attacher le souvenir de nos travaux à notre époque, afin qu'on dise plus tard, *les hommes du XIX^e siècle !* Il est temps de le relever aux yeux de l'histoire.

Hélas ! nous n'entrerons vraisemblablement pas dans la terre promise, mais nos enfants verront le Génie de la France resplendir sur le monde charmé de notre triomphe... si nous comprenons bien quels sont nos devoirs, si notre respect mutuel fait vivre notre union et si, avant tout, nous voulons cette union...

# IV

Au point où j'en suis, permettez-moi,
Messieurs, de vous rappeler que j'ai fait
passer devant vos esprits, l'homme, la femme,
l'enfant, l'ouvrier et l'intelligence plus éle-
vée qui doit les protéger, les diriger, les
utiliser, dans l'intérêt même de la société.

En comparant, en nous instruisant, nous
acquerrons la conscience de nos droits et de
nos devoirs.

Nous avons des aptitudes, des forces, des
obligations inégales, parce que nous naissons
dans des conditions de fortune et d'éducation
inégales. On peut le déplorer pour beaucoup,
mais le monde est ainsi fait.

Devons-nous nous en plaindre ?

Pour ça faire, il faudrait nier la possibilité
où chacun se trouve d'arriver à tout, s'il travaille, s'il s'améliore...

Je m'expliquerai en citant quelques noms,
car *les deshérités de la fortune ont souvent
été les favorisés de la gloire.*

« Il y a dans le monde deux sortes de
« gloire ; l'une, plus éclatante, est acquise
« aux hommes ambitieux qui se placèrent à
« la tète des nations, et, entraînant au loin
« des armées de combattants, surent répandre
« le sang de leurs frères, conquérir des pro-
« vinces étrangères et établir leur puissance
« et leur nom sur une base redoutable : sur
« *la raison du plus fort.*

« L'autre gloire, plus modeste, appartient
« aux bienfaiteurs de l'humanité qui tra-
« vaillèrent, non pour leur intérêt personnel,
« mais pour accroître la somme de nos con-
« naissances, élever l'esprit humain et l'af-
« franchir. — C. Flammarion. »

Copernic, l'inventeur de notre système so-
laire, est fils d'un boulanger polonais, La
Place, d'un paysan normand. D'Alembert,
l'encyclopédiste, fut ramassé sur l'escalier
d'une église de Paris et élevé par la femme
d'un vitrier. Le père de Diderot était coute-
lier à Langres ; le philosophe Gassendi sortit
d'une famille obscure du midi de la France.

Franklin, l'illustre, l'incomparable Franklin fut d'abord ouvrier imprimeur. Rappelez-vous ces paroles de Mirabeau à la tribune :

« Franklin est mort !... Il est mort ce sage
« que les deux mondes réclament, l'homme

« que se disputent l'histoire des sciences et
« l'histoire des empires... ce vaste et puis-
« sant génie qui, au profit des mortels, em-
« brassant dans sa pensée le ciel et la terre,
« sut dompter la foudre et les tyrans.

« La France éclairée et libre doit un té-
« moignage de souvenir et de respect à l'un
« des plus grands hommes qui aient jamais
« servi la philosophie et la liberté.

« Je propose qu'il soit décrété que l'As-
« semblée nationale portera pendant trois
« jours le deuil de Benjamin Franklin. »

Otez l'instruction à Franklin, que de-
vient-il ? Avec lui disparaissent dans l'ombre,
la misère et la douleur : Vauquelin, Davy,
Faraday, Dupuytren, Ch. Colomb, Daguerre
et tant d'autres aujourd'hui la gloire de plusieurs nations.

Shakespeare était fils d'un boucher, Molière
d'un tapissier, Beaumarchais d'un horloger.

Franklin avait raison de dire que ceux qui
prétendent qu'on peut réussir en quelque
chose sans travail et sans peine, sont des
empoisonneurs.

Toutes les branches de l'activité humaine
ont donné des fruits glorieux : Michel-Ange,
Nicolas Poussin, Sébastien Bach, le plus
grand génie musical du monde, Beethoven

et tant d'autres. Citerai-je Bernard Palissy, Jacquart, Philippe de Girard, Riqueti de Bonrepos, Richard-le-Noir, Rumkorff, Watt, Stephenson, Cobden, Lincoln, Johnson ?

Du milieu de cette galerie, Messieurs, permettez-moi de détacher le portrait de Lincoln. C'est la seule exception que je veuille citer, parce qu'elle résume tout ce qui précède.

« Figurez-vous un grand homme de six
« pieds trois pouces, extrêmement gauche
« dans sa tenue, avec un large front et des
« cheveux qui, comme il le disait lui-même,
« avaient l'ambition de faire leur chemin dans
« le monde, des yeux profonds et mélanco-
« liques, une large bouche qui aimait à écla-
« ter de rire et cette barbe au menton que
« les Américains portent avec un goût aussi
« inexplicable que caractéristique. Ce grand
« homme avait de grands bras, de grands
« pieds, de grandes mains.

« Il était à la fois batelier et charpentier.

« Dans cette condition obscure, Lincoln
« fut simple ouvrier jusqu'à vingt ans ; à 25
« ans, à force de travail et d'étude, il devint
« avocat dans une petite ville. A 30 ans, il
« était orateur populaire et membre de la
« législative de son Etat ; à 40 ans, il était
« représentant du peuple au Congrès des

« Etats-Unis ; à 50 ans, président de cet il-
« lustre pays. A 56 ans, il mourait assassiné,
« et il entrait dans l'histoire par la porte ma-
« gnifique du martyre, ayant eu l'honneur
« incomparable d'illuminer son nom plébéien
« de trois rayons d'une gloire extraordinaire ;
« il avait tiré sa personne de l'obscurité pour
« la porter à la gloire, il avait arraché son
« pays à la discorde pour le faire rentrer dans
« la paix, et il avait pris quatre millions de
« ses semblables dans les chaines de l'escla-
« vage, pour les introduire dans la terre pro-
« mise de la liberté.

« Abraham Lincoln n'avait que dix ans
« quand il perdit sa mère ; mais déjà, il le
« dit lui-même, il lui devait tout ce qu'il de-
« vait être. C'était une femme pieuse, dé-
« vouée, courageuse, portant sans murmurer
« le fardeau de la vie, qui donna à son fils
« toute l'éducation possible dans une de ces
« écoles qui existent au milieu des profondes
« solitudes de ce pays..

« C'est ainsi qu'en racontant la vie d'un
« grand homme, ajoute M. A. Cochin, l'au-
« teur de ces lignes, il est rare de n'avoir pas
« à signaler l'influence dominante de la mère
« sur ses premières années. »

. . . . . . . . . . . . . . . . . .

Si maintenant nous envisagions le chemin parcouru par les institutions américaines depuis cent ans, quel triste retour n'aurions-nous pas à faire sur notre vieux monde ?

Pour développer, en France, l'instruction, comme on l'a fait en Amérque, il nous faudrait une dépense annuelle de 400 millions... et notre budget de l'instrucion publique s'élève à peine à 30 millions.

Songez qu' « en Espagne, on compte 1 éco-
« lier sur 65 habitants, en Portugal, 1 sur
« 81. En Russie, 4 habitants sur 1000 ont
« reçu l'instruction ; en Turquie, l'ignorance
« est générale ; les connaissances les plus
« indispensables font défaut. — J. Manier. »

Qu'avons-nous à faire pour lutter contre cet affreux mal de l'ignorance ? Nous unir !

L'aride sentier du progrès est couvert d'hommes aux prises avec les difficultés et les misères de la vie. L'armée des intelligences qui combat sans cesse pour le plus grand honneur de l'humanité est, en majeure partie, composée de ces soldats de cœur et de génie que rien n'abat.

Sans doute, il n'est pas donné à tous de les imiter dans leurs conquêtes, mais tous, nous pouvons les imiter dans leur conduite. Tous les êtres qui respirent et pensent ont un rôle dans la société ; aux uns, l'éclat et la renommée, aux autres, le travail et l'obscurité. Tous sont ou doivent être utiles.

Ce qui le prouve, c'est l'histoire même de chacun de nous. Que de parvenus !

« Vous voyez partout des parvenus à la tête « des affaires, a dit M. Perdonnet. Ce qui est « l'exception en pays étrangers est la règle « chez nous. Aujourd'hui, c'est un titre de « gloire, du moins toutes les fois qu'on est « parvenu par le mérite et le travail. »

Il est doux et encourageant, Messieurs, de voir ce que peuvent l'instruction et le travail pour les hommes ; je parle aussi bien du travail intellectuel que du travail qui exécute manuellement. Nos institutions modernes ne sont que la synthèse de tous les progrès des siècles antérieurs, puisque, aujourd'hui, qu'on le veuille ou non, le mot de la civilisation s'appelle *union*.

. . . . . . . . . . . . . . . . .

Que ce mot, Messieurs, ne sorte plus de notre cœur ! Qu'il soit l'objet constant de nos études, de nos luttes, de nos aspirations....

Si je pouvais faire faire à votre pensée un retour vers ces temps écoulés pendant lesquels l'esprit humain eut à souffrir autant que l'espèce humaine, je réussirais à vous montrer bien mieux en quoi *notre époque relativement heureuse, est grande, active, généreuse, en quoi surtout elle est l'aurore de temps meilleurs*. Mais les circonstances ne m'engagent pas à établir des comparaisons capables de flatter notre amour propre français ; sondons nos misères et songeons aux remèdes.

Partout et toujours pénétrons-nous de la nécessité absolue où nous nous trouvons de nous unir.

Mettons énergiquement de côté tous les points qui divisent et rappelons-nous que *la théorie des devoirs unit les hommes*.

Pour cela, que faut-il ?

Vouloir....

Ceux qui vivent dans la vallée étroite de l'indifférence ne voient pas au-delà du petit champ de l'intérêt personnel qui leur appartient... A quoi seraient-ils bons ? Leur vie monotone est un tiraillement mesquin entre leur amour-propre et leur égoïsme. La belle existence ! Elle est certainement indigne d'une créature intelligente dont la fin est l'Être parfait, c'est-à-dire la vérité, le bien, la justice, la charité.

Ceux, au contraire, qui gravissent péniblement la montagne des connaissances utiles découvrent, à chaque instant, de nouvelles merveilles ; pour eux, le cercle de l'horizon s'élargit sans cesse, le monde se découvre plus beau et meilleur à leurs yeux charmés, à leur esprit ravi, à leur cœur aimant, à leur âme satisfaite.

Sous son regard attentif, l'homme de bonne volonté assiste aux transformations qu'opère l'infatigable activité humaine. Rien ne l'abat, ni les misères nombreuses, ni les tristesses profondes ; ses luttes incessantes lui assurent des triomphes modestes mais quotidiens. Quelles douces joies lui procurent ses victoires sur la matière, sur l'ignorance et sur l'homme, ce grand ennemi de l'homme !

Je compléterai ma pensée, en disant que, comme M. Guizot, je crois fermement à l'existence d'un dépôt de la civilisation et à l'avancement constant de ce dépôt. Nos institutions sociales ne sont-elles pas l'œuvre d'un passé dont il ne faut pas toujours médire ? — Admettre une hypothèse contraire, c'est nier le progrès dans l'avenir, et nos adversaires, sur le champ de l'instruction, rabaissent bien, sans qu'ils s'en doutent, la civilisation acquise qui porte dans ses flancs un avenir plus facile pour tous..

Savez-vous pourquoi je crois à cet avenir ?

Parce que Dieu a créé l'homme à son image.

Dieu étant la perfection et l'éternité, l'homme qui est né imparfait, doit librement, courageusement, opiniâtrement s'avancer vers la perfection.

Dire le contraire, c'est encore nier le progrès.

Il est donc temps que l'homme se connaisse.

Son activité ne pousse pas la pensée humaine dans un cercle san fin ; elle mène l'humanité toujours en avant. Rien n'est immobile ici-bas ; tout progresse et concourt à l'œuvre générale.

V

Éveillons les Français qui sommeillent
encore ! montrons-leur des malheurs plus
grands que nos malheurs et attachons leur
cœur à l'œuvre de la régénération de la
France ; s'ils ne sont pas des lâches, ils
comprendront nos défaites et agiront comme
nous et avec nous.

A la page 205 du 7° volume du *Consulat
et l'Empire*, M. Thiers a écrit :

« Des 160,000 hommes qui avaient com-
« posé l'armée active des Prussiens, il ne
« restait pas un débris.... Il n'existait plus
« d'armée prussienne. Napoléon était maître
« absolu de la monarchie du grand Frédéric...
« Napoléon avait enlevé tout le matériel de
« la Prusse, en canons, fusils, munitions de
« guerre ; il avait conquis.... assez de dra-
« peaux pour en charger les édifices de sa
« capitale. Tout cela s'était accompli en un
« mois...

« En un mois, le roi d'une grande mo-
« narchie, le second successeur du grand
« Frédéric, se voyait sans soldats et sans
« Etats ! C'est, disons-nous, un événement
« étonnant, quand on songe surtout qu'il ne
« s'agissait pas ici de Macédoniens battant
« des Perses lâches et ignorants, mais d'une
« armée européenne, battant une autre ar-
« mée européenne, toutes deux instruites et
« braves.

« Quant aux Prussiens, si on veut avoir
« le secret de cette déroute inouïe après
« laquelle les armées et les places se ren-
« daient à la sommation de quelques hus-
« sards ou de quelques compagnies d'infan-
« terie légère, on le trouvera dans la démo-
« ralisation qui suit ordinairement une pré-
« somption folle ! Après avoir nié, non pas
« les victoires des Français qui n'étaient pas
« niables, mais leur supériorité militaire, les
« Prussiens en furent tellement saisis à la
« première rencontre, qu'ils ne crurent plus
« la résistance possible et s'enfuirent en
« jetant leurs armes.

« Ils furent atterrés et l'Europe le fut avec
« eux. Elle frémit tout entière après Iéna,
« plus encore qu'après Austerlitz.... »

. . . . . . . . . . . . . .

Le monde entier ne fut-il pas aussi atterré après Sedan, après Metz, après les deux Paris surtout ?...

Combien notre histoire ressemble à celle de la Prusse !

Le roi vaincu, a écrit Guillaume de Humboldt, le roi vaincu s'écriait : « Tout est « perdu. De qui viendra le salut ? Désabusé, « je n'attends plus rien de ceux qu'on appe- « lait les appuis du trône : *ce n'est que par* « *l'honnête peuple, le brave bourgeois, le* « *simple paysan, que la situation pourra* « *s'améliorer un jour.* »

Soyons heureux, nous tous qui nous sommes mis à l'œuvre de l'instruction, de l'éducation de l'union. En nous la France espère !... Agenouillée encore au milieu de ses ruines, accablée sous le poids de ses fautes, elle tend vers nous ses bras suppliants... Son salut doit être notre œuvre. Ne nous laissons pas arracher cette bonne et vaillante action. Nous sommes cet *honnête peuple, ces braves bourgeois, ces simples paysans* dont Humboldt fait l'éloge en exposant leur tâche glorieuse.

Force nous est, Messieurs, d'admirer les Allemands dans leurs réformes. Pourquoi n'agirions-nous pas comme eux ?

Le philosophe Fichte, le vertueux Fichte, se mit à l'œuvre; il alla courageusement contre les dédains des entêtés et des poltrons. Sans se décourager, il prêcha la croisade contre l'ignorance. Ses discours aux Allemands devraient être considérés comme le plus beau monument que jamais homme ait élevé à sa Mère-Patrie.

En faisant revivre cette belle œuvre, M. Charles Robert a bien mérité de notre pauvre France, car si sa grande âme s'est montrée attristée du spectacle de nos revers, elle a toujours cru à sa jeunesse, à sa vitalité, à sa valeur, à son avenir, aussi, par un brusque retour sur elle-même, elle s'est élancée courageusement à la conquête des progrès nouveaux qui sont avant tout... le rachat de notre honneur national.

Permettez-moi, Messieurs, de vous donner quelques extraits de ces discours. Rappelez-vous, si c'est possible, que nous sommes en 1808, sans quoi jamais vous ne pourriez croire qu'il s'agit des Allemands.

« Je suppose, disait Fichte, que j'ai des
« auditeurs capables de s'élever au-dessus
« de leur juste douleur jusqu'à comprendre
« nettement et clairement que si *nous vou-*
« *lons être sauvés, il n'y a que nous-mê-*

« *mes qui puissions le faire*.... Je connais
« cette douleur ; je l'ai ressentie plus que
« personne, je l'estime... Pourtant elle n'a
« de raison d'être que si elle nous pousse à
« nous recueillir, à *prendre une résolution,*
« à *agir.*

« Si vous continuez à marcher dans votre
« étourderie, dans votre mollesse, tous les
« maux de la servitude vous attendent, vous
« finirez par laisser éteindre votre nationa-
« lité ; mais *si vous voulez être des hommes,*
« *vous verrez encore fleurir une génération*
« *qui rétablira notre peuple, et ce rétablis-*
« *sement sera la renaissance du monde !* »

Ecoutez, Messieurs ! N'est-ce pas à nous
que la grande voix allemande enseigne aujourd'hui le devoir ?...

« Ne nous considérons plus que comme
« *la semence d'où sortiront un jour de plus*
« *dignes descendants ;* n'ayons plus d'autre
« raison de vivre que nos enfants et *la pré-*
« *paration des jours meilleurs que nous*
« *rêvons pour eux.*

« Dussé-je me tromper, je veux, ne pou-
« vant vivre que par cette espérance, je veux
« croire que j'arriverai à convaincre quel-
« ques-uns de mes concitoyens de cette
« grande vérité : *L'Education seule peut*

« *nous sauver de tous les maux qui nous*
« *écrasent.*

« Je me plais à croire que le malheur nous
« aura appris à réfléchir, et nous aura
« rendus *plus sérieux.* L'étranger, lui, pos-
« sède à sa portée d'autres consolations,
« d'autres ressources que l'éducation. Dût
« cet objet occuper un instant sa pensée, il
« est peu probable qu'il s'y arrête et lui ac-
« corde quelque attention. Je compte bien,
« au contraire, qu'à l'étranger *les lecteurs*
« *de journaux trouveront la chose plai-*
« *sante et s'égaieront agréablement à l'idée*
« *que quelqu'un, en Allemagne,* A PU
« ATTENDRE DE SI GRANDES CHOSES DE L'É-
« DUCATION ! »

Le scalpel du philosophe se promenait im-
pitoyable dans les chairs vives de la nation :

« Puisse l'Etat, s'écriait Fichte, puissent
« tous ceux qui le dirigent et le conseillent,
« ne pas se décourager, devant leur nouvelle
« tâche, par *la pensée que les résultats at-*
« *tendus sont lointains.* Certes, les causes
« de nos malheurs actuels sont complexes et
« bien difficiles à démêler ; mais, si l'on
« voulait analyser la part qui y revient aux
« gouvernements, leur tort spécial, on trou-
« verait que *les maîtres de l'Etat, tenus*

« *plus que les autres à prévoir l'avenir*
« *pour le dominer*, n'ont, devant les grands
« événements de ce siècle, songé qu'à une
« chose, *se tirer le mieux possible de leurs*
« *embarras immédiats ; ils ont écarté la*
« *pensée de l'avenir ;* ILS ONT VAGUEMENT
« ESPÉRÉ QUE QUELQUE COUP DE FORTUNE
« TRANCHERAIT LE LONG ENCHAÎNEMENT DES
« EFFETS ET *des causes.* De telles espérances
« sont trompeuses.

« Toute force, tout principe d'action qu'on
« a laissé s'introduire dans la trame des évé-
« nements, continue à cheminer, poursuit
« son œuvre, et, la première négligence com-
« mise, une réflexion trop tardive ne peut en
« conjurer les effets.

« Nous ne pouvons plus commettre la faute
« de ne songer qu'au présent ; le présent
« n'est plus à nous. *Ne commettons* pas la
« seconde faute, celle d'attendre de quel-
« qu'autre que de nous-mêmes un meilleur
« avenir.

« Quiconque a besoin pour vivre d'autre
« chose que de la simple nourriture du corps,
« ne trouve, certes, dans le présent, plus
« rien qui le puisse consoler du devoir de
« vivre ; *la foi dans l'avenir est le seul élé-*
« *ment où il nous soit encore donné de res-*

« pirer. *Mais un rêveur, un fou, pourrait*
« *seul fonder cet espoir sur autre chose que*
« *sur les germes que nous déposerons nous-*
« *mêmes dans le présent* POUR PRÉPARER
« L'AVENIR.

« Que ceux qui nous gouvernent nous per-
« mettent d'avoir d'eux aussi bonne opinion
« que de nous-mêmes ; qu'ils nous per-
« mettent de leur prêter les sentiments que
« porte actuellement en son cœur tout bon
« *citoyen ; qu'ils se mettent donc à la tête*
« *de l'œuvre dont nous apercevons si clai-*
« *rement la nécessité,* et qu'ainsi nous puis-
« sions voir encore de nos yeux *naître* et
« *grandir cette éducation qui doit un jour*
« *laver notre mémoire de la honte sous la-*
« *quelle s'est ternie, de nos jours, la gloire*
« *de la nation.* »

Quand je remue ces choses du passé, Messieurs, un seul sentiment égale ma tristesse,
c'est la conviction profonde que j'ai du succès de notre œuvre de régénération, si nous
nous unissons.

N'est-ce pas aux Français que crie aujourd'hui le philosophe allemand :

« Qui nous a jetés dans ce désarroi, nous
« a déguisé notre vraie situation, nous a en-
« tretenus dans notre légèreté et dans notre

« aveugle laisser-aller ? *N'est-ce pas notre*
« *bonne opinion de nous-mêmes ? Les*
« *choses pouvaient-elles aller mieux qu'elles*
« *n'allaient ?* A qui nous engageait à réflé-
« chir, nous n'avions pas même besoin de
« répondre ; il suffisait de montrer, d'un air
« triomphant, *notre brillante existence se*
« *soutenant toute seule* et sans effort de
« notre part, et, en effet, *tout allait bien,*
« EN ATTENDANT LE JOUR DE L'ÉPREUVE !
« L'épreuve est enfin arrivée ! *Quelle chute !*

. . . . . . . . . . . . . . . .

« *Rien à espérer, si chaque individu*
« *parmi nous ne fait tout ce qu'il peut, et*
« *ne le fait comme s'il était seul au monde*
« *et que le salut des générations futures*
« *ne reposât que sur lui.* »
La voix gronde, la voix éclate comme un
tonnerre. Est-ce pour les Allemands seuls
qu'elle roule au-dessus d'une nation igno-
rante et oublieuse de ses devoirs ?
Quelque dure que soit cette apostrophe,
retenons-la.
« Ce qu'on vous demande, c'est une réso-
« lution vivante et active, qui ne chancelle
« ni ne se refroidisse, qui dure et s'affer-
« misse jusqu'à ce que le but soit atteint.
« Auriez-vous donc complètement perdu

« le principe intérieur qui seul peut produire
« de ces résolutions vivaces?

« Ne seriez-vous que des êtres exténués et
« réduits à l'état d'ombres, des corps sans sève,
« vides de sang et privés de ressort propre?

« Ressembleriez-vous à l'homme qui rêve
« et dont l'esprit voit encore des images va-
« riées s'agiter et se croiser en tous sens,
« mais dont le corps étendu et roidi présente
« l'apparence de la mort? Il y a longtemps
« qu'on nous le dit en face, qu'on nous le ré-
« pète sur tous les tons.

« — Vous l'avez entendu et vous en avez
« été indignés ! *Prouvez-donc à ceux qui*
« *parlent ainsi qu'ils se trompent, montrez*
« *à tout l'univers que vous n'êtes pas ce*
« *qu'ils disent, et l'univers entier saura*
« *qu'ils ont menti.* »

Pauvre France !

Nous devons l'aimer, plus encore, à cause
de ses malheurs, Messieurs. Sauvons-la par
notre dévouement au bien général. Nous tous
qui nous sommes unis par le lien de la Ligue
de l'Enseignement, *nous avons commencé*
l'œuvre grandiose de la réhabilitation de notre
patrie.

« Il faut commencer, disait Fichte. Une
« fois entreprise, une telle œuvre ne s'arrê-

« tera pas ; elle ne pourra que croître et s'é-
« tendre en tous sens. *Tout citoyen qui a*
« *reçu la véritable éducation est un témoi-*
« *gnage vivant de ses bons effets ; il fait de*
« *la propagande en sa faveur.* Il veut s'ac-
« quitter de la dette qu'il a contractée et de-
« vient maître à son tour. *Autant d'élèves*
« *convaincus, autant d'apôtres.* C'est une
« succession d'efforts qui ne doit s'arrêter
« *qu'après l'entier accomplissement de la*
« *tâche commencée.* »

L'illustre Jean Macé, notre maître à tous,
l'ami des mauvais jours, le promoteur de
notre union, Jean Macé a été prophète et...
personne ne l'a cru ! Les malheurs prévus
par lui sont arrivés... Eveillons, comme il le
recommande, cette initiative privée, ce travail constant, individuel dans lesquels reposent les destinées de la France.

Savez-vous à quoi l'on s'expose, en ne com-
mençant pas à temps ? J'ai eu la douleur de
l'apprendre, il y a peu de temps, dans une
grande ville où je n'avais pas mis les pieds
depuis la guerre. Avant d'y faire la conférence
pour laquelle j'étais venu, je parcourais les
nouveaux quartiers, quand soudain, au détour
d'une rue, j'aperçus un magnifique et vaste
bâtiment sur le fronton duquel étaient écrits

ces mots : *Ecole municipale professionnelle.*
Hélas ! elle n'a été prête que pour y recevoir les Prussiens. L'école de l'initiative privée est devenue une caserne allemande.

Espérons que bientôt elle sera purifiée par la présence des enfants accourant avides à la source qui donne la lumière, la chaleur, la vie, c'est-à-dire l'instruction et le patriotisme.

Ah ! si nous voulions, que ne ferions-nous pas ?

Je vous dirai tout à l'heure ce que gagne notre réveil à être comparé à la réforme allemande, mais avant, permettez-moi de vous recommander les discours de Fichte, ce grand citoyen que je m'efforce d'imiter de bien loin car je n'ai ni sa science ni son autorité.

Hillebrand (*Revue des deux mondes,* nov. 1870, p. 9) rapporte que le philosophe tribun prononçait *ses discours à la nation allemande,* dans une salle où, plus d'une fois, sa voix fut étouffée par des tambours français passant dans la rue.

Ce soir, la ressemblance est frappante, Messieurs, car au pied de l'édifice dans lequel nous sommes réunis, se trouve un poste bavarois....

Que cela ne nous décourage pas ; si nous sommes en pays conquis ou occupé, sachons à quel mouvement nore union a donné le jour !

Certains, des Français ! nous accusent d'étroitesse d'idées...

Ignorent-ils donc que nous avons vu le triste défilé de nos engins de guerre non encloués, de notre matériel bien conservé, de nos merveilleux chassepots et de nos mitrailleuses... si vantées ?

N'ont-ils pas su que notre richesse s'est évanouie bien vite et, avec elles, nos ressources pour de longues années car la chaîne des impôts nouveaux rive au sol le progrès du commerce français.

Qu'auraient-ils fait, si, comme nous, ils avaient dû se condamner à grossir le nombre des français généreux qui jetaient du pain à nos soldats amaigris, exténués, quittant l'île de la désolation de Villette, et partant, par régiments entiers, pour l'exil ?

Quel douloureux souvenir !

Qu'y a-t-il d'étonnant qu'au lendemain de Sedan, nous ayions promis à Dieu d'aider à relever notre patrie si profondément humiliée ?

N'ont-ils pas entendu, de l'étranger, les accusations qui tombaient, comme une condamnation méritée, sur notre légèreté, notre indifférence et notre ignorance française ?..

Aujourd'hui, nous agissons, parceque nous voulons que chacun fasse son devoir, en oubliant son intérêt privé  et son ambition personnelle, quand cet intérêt  et cette ambition éloignent l'homme de ses devoirs de citoyen.

Nous voulons que notre gouvernement démocratique vive, parcequ'il peut seul rendre à la nation française sa véritable force ; les partis qu'il réduit à l'impuissance sont la division, la désunion !

Pourquoi attendrions-nous des sauveurs de la patrie à 30 millions par an (il parait qu'ils ne peuvent s'imposer à moins) quand nous pouvons nous sauver  nous-mêmes ?

Il y a, au fond des actes, Messieurs, un enseignement terrible, inflexible, éternel.

Ecoutez !

J'ouvre l'histoire à un moment de nos grandes épreuves nationales :

La proclamation suivante couvrit les murs de Boulogne, au mois d'avril 1848 ; l'*Opinion nationale* la reproduisit en 1868 :

« Français, mes chers concitoyens,

« Je viens répondre à l'appel que vous « avez fait à mon patriotisme. La mission que « vous m'imposez est glorieuse, et je la sau- « rai remplir. Pénétré de reconnaissance

« pour l'affection que vous me témoignez, je
« vous apporte toute ma vie, toute mon âme ;
« elles vous appartiendront désormais, comme
« vous appartenaient celles de cet homme
« dont la gloire, patrimoine de tous, est ve-
« nue de son reflet signaler à vos suffrages
« mon dévouement, que jusqu'à ce jour on
« avait condamné à l'obscurité, mais que je
« saurais rendre éclatant, si des dangers me-
« naçaient jamais la commune patrie.

« Frères et citoyens, ce n'est pas un pré-
« tendant que vous recevez au milieu de
« vous. Ce n'est pas inutilement que j'ai
« médité dans l'exil. Un prétendant, c'est
« un fléau : Je ne serai jamais le vôtre ; je
« ne serai jamais un ingrat, ni un infâme.
« C'est comme républicain, démocrate sin-
« cère et ardent que je me présente à vous.
« Je prends la grande ombre de l'homme du
« siècle à témoin des promesses que je fais
« ici solennellement.

« Je serai, comme je fus toujours, l'enfant
« de la France.

« Dans chaque Français, je verrai tou-
« jours un frère.

« Les droits de chacun seront mes droits.

« La République démocratique sera l'objet
« de mon culte ; j'en serai le prêtre.

« Jamais je n'essayerai de m'envelopper
« dans la pourpre impériale.

« Que mon cœur se dessèche en ma poi-
« trine, le jour où j'oublierais ce que je vous
« dois à tous, ce que je dois à la France.

« Que ma bouche se ferme pour toujours,
« si je prononçais jamais un mot, un blas-
« phème, contre la souveraineté républicaine
« du peuple français.

« Que je sois maudit le jour où, par fai-
« blesse, je permettrais qu'on propageât, à
« l'abri de mon nom, des doctrines contraires
« au principe démocratique qui doit diriger
« le gouvernement de la République !

« Que je sois condamné aux gémonies, le
« jour où, coupable et traître, j'essayerais de
« porter une main sacrilége sur les droits du
« peuple, soit de son aveu en le trompant,
« soit contre son vœu, par la force et la vio-
« lence !

« Et maintenant, croyez en moi comme je
« crois en vous, et qu'un même cri sorte de
« nos poitrines, comme une prière adressée
« au ciel :

« Vive à jamais la République !

« LOUIS BONAPARTE. »

Redevenons la grande nation !

Il le faut, Messieurs, et de plus, il est temps...

. . . . . . . . . . . . . .

Voyez la noblesse de votre tâche...

Le gouvernement allemand, ouvrant les yeux, sut comprendre l'utilité, la nécessité, l'avenir de ce mouvement national prêché par Fichte, Humboldt, Scharnhorst, Ardnt, Goethe et quelques autres... *Il ordonna !* — La nation obéit. Vous savez comme elle sait obéir encore. Vous savez encore mieux ce qui arriva.

Chez nous, c'est la nation entière qui pétitionne pour arracher à l'Assemblée nationale la meilleure des lois.

Le salut de la France sera ainsi l'œuvre de tous !

Courage ! Luttons ! Unissons-nous ! La victoire couronnera nos efforts.

Savez-vous à quelles enseignes je le reconnais ?

Quand j'ai commencé dans les Ardennes le pétitionnement contre l'ignorance, mes meilleurs amis, mes plus chauds partisans m'ont défié de réunir 1000 signatures ; il est vrai qu'il y a trois ans, j'avais eu bien de la peine à en trouver quelques centaines...

Je me suis mis à l'œuvre, voulant montrer

ce que *peut* un homme seul, quand il *veut*,

Eh bien, à Sedan, ville de 14,000 âmes, j'ai 5000 adhérents, et mon departement en compte aujourd'hui 46,000 !

Aurons-nous travaillé en vain ?

Quand la Chambre actuelle ne serait pas appelée à l'honneur de décréter l'instruction obligatoire nous aurons fait naître un mouvement qui ne s'arrêtera plus. Des millions de conversations ont fondé l'œuvre de la Ligue de l'Enseignement.

Parler instruction, Messieurs, c'est déjà s'instruire. En parler publiquement, librement en famille, c'est se moraliser... Réunissons-nous donc souvent, pour apprendre à nous estimer, à nous aimer, à nous unir.

Et nous, les pères de famille, à l'œuvre !

Élevons nos enfants bien au-dessus de nos querelles et de nous-mêmes ; offrons-les à la Patrie !

www.ingramcontent.com/pod-product-compliance
Lightning Source LLC
Chambersburg PA
CBHW061757050726
47598CB00002B/750